Merri Ness

REICH
UND
BERÜHMT
WERDEN

Handbuch für alle,
die es schaffen wollen

Ratgeber

Merri Ness

REICH
UND
BERÜHMT
WERDEN

Handbuch für alle,
die es schaffen wollen

Bibliografische Information
der Deutschen Nationalbibliothek:
Die Deutsche Nationalbibliothek verzeichnet diese Publikation in
der Deutschen Nationalbibliografie; detaillierte bibliografische
Daten sind im Internet über http://dnb.dnb.de abrufbar.

© 2019 Merri Ness

Alle Rechte vorbehalten

Cover: Moritz und Gerhard Schumann

Herstellung und Verlag:
BoD – Books on Demand, Norderstedt

Erstveröffentlichung 2019

2. Auflage

Erstausgabe 2019

ISBN: 9783743127715

WARNHINWEIS!

Achtung:

Auf dem Weg **Reich und Berühmt** zu werden, kommen Ihnen Neider entgegen!

Lesen Sie daher immer von ganz Links!

Lesen Sie nicht mehrere Bücher nebeneinander und überblättern Sie keine Seiten!

Halten Sie sich unbedingt an den beschriebenen Zeitplan und schummeln Sie nicht!

Nur wenn Sie diese Regelung einhalten, sind Sie auf einem sehr guten Weg **Reich und Berühmt** zu werden!

Lesen Sie diesen Hinweis bitte nochmals von Vorne, wenn Sie nicht sicher sind, ob Sie diese verstanden haben!

Vorwort:

Fällt aus!
Das hält Sie auf dem Weg
Reich und Berühmt
zu werden nur auf!

Widmung:

Fällt aus!
Das hält Sie auf dem Weg
Reich und Berühmt
zu werden nur auf!

Einleitung:

Hält auch nur auf!

Gebrauchsanweisung:

Daran kommen Sie nicht vorbei!

Schließlich wollen Sie ja möglichst schnell den möglichst richtigen Weg finden, um **Reich und Berühmt** zu werden.

Bitte nehme Sie sich daher ausreichend Zeit, um das in Ihrer Hand befindliche Buch, **Reich und Berühmt werden,** korrekt und gewissenhaft durchzuarbeiten.

Wie bereits unter "Warnhinweis" beschrieben, ist es von elementarer Bedeutung, dass Sie sich an den vorgegebenen Zeitplan von **Reich und Berühmt werden** halten.

Wählen Sie zum Lesen einen Ort, an dem Sie Ruhe haben. Es ist sehr wichtig, dass Sie sich voll auf das Buch **Reich und Berühmt werden** konzentrieren können.

Andernfalls ist Ihr Weg um **Reich und Berühmt** zu werden gefährdet.

Hierzu eignen sich unter anderem besonders öffentliche Verkehrsmittel außerhalb der üblichen Stoßzeiten, da Sie dadurch gegebenenfalls zusätzliche Inspiration erhalten.

Sie benötigen, um mit dem Buch **Reich und Berühmt werden** richtig arbeiten zu können einen Stift (nicht im Lieferumfang enthalten!).

Dieser Stift ist unbedingt erforderlich, um direkt hier im Buch **Reich und Berühmt werden** die erforderlichen Aufzeichnungen machen zu können und somit die gestellten Aufgaben lösen.

Ohne dieses Schreibgerät, ist das Buch **Reich und Berühmt werden** eigentlich wertlos.

Außer Sie haben vielleicht einen Tisch der wackelt und Sie benutzen das Buch zum unterlegen.

Verwenden Sie unbedingt ein Schreibgerät, das Ihren Schreibbedürfnissen entspricht.

Es sollte gut und sicher in der Hand liegen und Ihnen bei der Nutzung Freude bereitet.

Es macht keinen Sinn, einen zum Beispiel kratzenden Kugelschreiber zu verwenden, bei dem Sie, wenn Sie in das Buch **Reich und Berühmt werden** schreiben, eine Gänsehaut bekommen (oder Ihr Sitznachbar in der U-Bahn).

Sinnvoll ist es außerdem, wenn Sie nach Möglichkeit dauerhaft für alle Einträge in dem Buch **Reich und Berühmt werden** immer dasselbe Schreibgerät benutzen.

Das hat zwar keinerlei Auswirkung auf das Ergebnis, sieht aber wesentlich besser und intelligenter aus (zum Beispiel wenn zufällig mal irgendjemand einen Blick in Ihr persönliches Buch **Reich und Berühmt werden** werfen sollte).

Um das nötige Vertrauensverhältnis zu gewährleisten und ein optimales Ergebnis für Sie bei der Bearbeitung des Buches **Reich und Berühmt werden** zu erzielen, werden Sie ab sofort in diesem Buch nur noch mit DU angesprochen.

Bitte fülle immer alles gemäß den Vorgaben aus und vergiss bitte nicht (insbesondere bei den Arbeitsvermerken) jeweils das Datum und die Uhrzeit einzutragen, wenn Du im Buch **Reich und Berühmt werden** arbeitest.

Das erleichtert Dir im Nachgang die spätere Nachverfolgung.

Das Buch **Reich und Berühmt werden** ist in den Bereich **Reich** und den Bereich **Berühmt** unterteilt.

Das ist bewusst so gewählt, damit Du Dein Ziel **Reich und Berühmt** zu werden schneller erreichen kannst.

Und nun wünschen wir Dir viel Erfolg bei Deinem Weg **Reich und Berühmt** zu werden!

Dieses Ausgabe von

Reich und Berühmt werden

gehört:

Bitte trage hier gut lesbar Deinen Namen ein!

Hier kannst Du ein Foto von Dir einkleben,
oder Dich selbst zeichnen.

Arbeitsvermerke:

Reich Teil 1

Datum: _____   Beginn: _____   Ende: _____

Reich Teil 2

Datum: _____   Beginn: _____   Ende: _____

Reich Teil 3

Datum: _____   Beginn: _____   Ende: _____

Reich Teil 4

Datum: _____   Beginn: _____   Ende: _____

Reich Teil 5

Datum: _____   Beginn: _____   Ende: _____

Reich Teil 1

Als Erstes machst Du Dir bitte über folgendes Gedanken:

Was bedeutet **Reich** sein für Dich?

Überlege Dir genau, wann Du nach Deiner ganz eigenen, von Dir festgelegten Definition **Reich** bist und was Du dazu benötigst, um Dich richtig **Reich** zu fühlen.

Wenn Du Dir ausreichend Gedanken darüber gemacht hast, dann, und wirklich erst dann, blättere auf die nächste Seite um!

Beantworte die folgenden Fragen spontan, ohne allzu lange darüber nachzudenken!

Reich Teil 2

Ist es Geld, das Du besitzen möchtest (musst), um Dich **Reich** zu fühlen?

Dann notiere hier, wie viel Geld (Währung nicht vergessen!) Du besitzen möchtest (musst), um Dich wirklich **Reich** zu fühlen:

_____

Wenn es nicht Geld ist, das Du besitzen möchtest (musst), um Dich **Reich** zu fühlen, dann schreibe eine "0" auf.

Überlege nun nochmals genau, ob Deine Antwort auch zu Deiner Meinung passt.

Wenn Du Dir ausreichend Gedanken darüber gemacht hast, dann, und wirklich erst dann, blättere auf die nächste Seite um!

Reich Teil 3

Sind es irgendwelche Vermögenswerte (Gold, Häuser, etc.), die Du besitzen möchtest (musst), um Dich **Reich** zu fühlen?

Dann notiere hier, wie viele und welche Vermögenswerte Du besitzen möchtest (musst), um Dich **Reich** zu fühlen:

_____

_____

Wenn es keine Vermögenswerte sind, die Du besitzen möchtest (musst), um Dich **Reich** zu fühlen, dann schreibe eine "0" auf.

Überlege nun nochmals genau, ob Deine Antwort auch zu Deiner Meinung passt.

Wenn Du Dir ausreichend Gedanken darüber gemacht hast, dann, und wirklich erst dann, lies auf der nächsten Seite weiter!

Reich Teil 4

Ist es etwas anderes, das Du besitzen möchtest (musst), um Dich richtig **Reich** zu fühlen?

Dann notiere hier, was und wie viel Du davon besitzen musst, um Dich **Reich** zu fühlen:

_____

_____

Wenn es nicht etwas anderes ist, das Du besitzen möchtest (musst), um Dich **Reich** zu fühlen, dann schreibe eine "0" auf.

Überlege nun nochmals genau, ob Deine Antwort auch zu Deiner Meinung passt.

Wenn Du Dir ausreichend Gedanken darüber gemacht hast, dann, und wirklich erst dann, blättere auf die nächste Seite um!

Reich Teil 5

Ist es eine Mischung aus **Reich Teil 1 bis Teil 4**, das Du besitzen möchtest (musst), um Dich richtig **Reich** zu fühlen?

Dann notiere hier, was und wie viel Du davon besitzen musst, um Dich **Reich** zu fühlen:

_____

_____

Wenn Du der Ansicht bist, dass Teil 5 nicht erforderlich ist, dann schreibe eine "0" auf.

Überlege nun nochmals genau, ob Deine Antwort auch zu Deiner Meinung passt.

Wenn Du Dir ausreichend Gedanken darüber gemacht hast, dann, und wirklich erst dann, lies auf der nächsten Seite weiter!

Sehr gut!

Du hast den ersten Teil geschafft.

Nun geht es weiter mit **Berühmt.**

Arbeitsvermerke:

Berühmt Teil 1

Datum: _____ Beginn: _____ Ende: _____

Berühmt Teil 2

Datum: _____ Beginn: _____ Ende: _____

Berühmt Teil 3

Datum: _____ Beginn: _____ Ende: _____

Berühmt Teil 4

Datum: _____ Beginn: _____ Ende: _____

Berühmt Teil 5

Datum: _____ Beginn: _____ Ende: _____

Berühmt Teil 1

Als Erstes machst Du Dir zu Beginn erst einmal folgenden Gedanken:

Was bedeutet **Berühmt** für Dich?

Überlege Dir genau, wann Du nach Deiner ganz eigenen, von Dir festgelegten Definition **Berühmt** bist und was Du benötigst, um Dich richtig **Berühmt** zu fühlen.

Wenn Du Dir ausreichend Gedanken darüber gemacht hast, dann, und wirklich erst dann, blättere auf die nächste Seite um!

Berühmt Teil 2

Ist es "Bekannt" zu sein?

Dann notiere hier, wie Bekannt Du sein möchtest (musst), um Dich **Berühmt** zu fühlen (National, International, im gesamten Universum):

_____

_____

_____

Ist es etwas anderes, dann notiere hier "NEIN".

Wenn Du Dir ausreichend Gedanken darüber gemacht hast, dann, und wirklich erst dann, lies auf der nächsten Seite weiter!

Berühmt Teil 3

Ist es ständig in den Medien aufzutauchen?

Dann notiere hier, wo und wie oft Du gezeigt und von Dir berichtet werden soll, um Dich **Berühmt** zu fühlen:

_____

_____

_____

Ist es etwas anderes, dann notiere hier "NEIN".

Wenn Du Dir ausreichend Gedanken darüber gemacht hast, dann, und wirklich erst dann, blättere auf die nächste Seite um!

Berühmt Teil 4

Ist es etwas anderes, das um Dich herum passieren muss, um Dich so richtig **Berühmt** zu fühlen?

Dann notiere hier, was genau es sein muss, um Dich **Berühmt** zu fühlen:

_____

_____

_____

Ist es etwas anderes, dann notiere hier "NEIN".

Wenn Du Dir ausreichend Gedanken darüber gemacht hast, dann, und wirklich erst dann, lies auf der nächsten Seite weiter!

Berühmt Teil 5

Ist es eine Mischung aus **Berühmt Teil 1 bis Teil 4**, das um Dich herum passieren muss, um Dich richtig **Berühmt** zu fühlen?

Dann notiere hier, was und wie viel es sein muss, um Dich **Berühmt** zu fühlen:

_____

_____

_____

Wenn Du der Ansicht bist, dass Teil 5 nicht erforderlich ist, dann schreibe "NEIN" auf.

Wenn Du Dir ausreichend Gedanken darüber gemacht hast, dann und wirklich erst dann, blättere auf die nächste Seite um!

Erstes Fazit:

Die beiden Ziele (Ziel **Reich** und Ziel **Berühmt**), die Du nun definiert hast, werden Dich von nun an begleiten. Und Du hast nun mit Hilfe von **Reich und Berühmt werden** und Deiner konsequenten Verfolgung deiner ganz persönlichen festgelegten Kriterien gute Möglichkeiten, diese auch zu erreichen.

Glückwunsch!

Der allererste Schritt zu Deinem Ziel **Reich und Berühmt** zu werden, ist nun bereits geschafft.

Damit Du diese immer vor Augen hast, schreibe sie auf die nächste Seite:

Reich und Berühmt

Das sind meine ganz persönlichen Ziele:

_____

_____

_____

_____

_____

Also weiter...

Nun stellt sich die Frage: **Wie?**

Was bringst Du mit (Eigenschaften, Fähigkeiten, Begabung, Befähigung, Eignung), um Dein Ziel zu erreichen **Reich und Berühmt** zu werden?

Arbeite die folgenden Schlagworte nacheinander durch und entscheide Dich spontan und ohne groß darüber nachzudenken, ob die Aussagen auf Dich zutreffen. Vergib auf den folgenden Seiten Schulnoten von 1 bis 6 (1 trifft voll zu, 6 trifft überhaupt nicht zu) und notiere Dir unter **Arbeitsvermerke** wieder die Daten.

Sofern erforderlich, kannst Du Dir natürlich unter **Notiz** zusätzliche Informationen und oder Hinweise vermerken.

Dies ist jedoch keine Pflicht.

Arbeitsvermerke:

Wie 1

Datum: _____ Beginn: _____ Ende: _____

Wie 2

Datum: _____ Beginn: _____ Ende: _____

Wie 3

Datum: _____ Beginn: _____ Ende: _____

Wie 4

Datum: _____ Beginn: _____ Ende: _____

Wie 5

Datum: _____ Beginn: _____ Ende: _____

Wie 6

Datum: _____ Beginn: _____ Ende: _____

Wie 7

Datum: _____ Beginn: _____ Ende: _____

Wie 8

Datum: _____ Beginn: _____ Ende: _____

Wie 9

Datum: _____ Beginn: _____ Ende: _____

Wie 10

Datum: _____ Beginn: _____ Ende: _____

Wie 11

Datum: _____ Beginn: _____ Ende: _____

Wie 12

Datum: _____ Beginn: _____ Ende: _____

Wie 13

Datum: _____ Beginn: _____ Ende: _____

Wie 14

Datum: _____ Beginn: _____ Ende: _____

Wie 15

Datum: _____ Beginn: _____ Ende: _____

Wie 16

Datum: _____ Beginn: _____ Ende: _____

Wie 17

Datum: _____ Beginn: _____ Ende: _____

Wie 18

Datum: _____ Beginn: _____ Ende: _____

Wie 19

Datum: _____ Beginn: _____ Ende: _____

Wie 20

Datum: _____ Beginn: _____ Ende: _____

Wie 21

Datum: _____ Beginn: _____ Ende: _____

Wie 22

Datum: _____ Beginn: _____ Ende: _____

Wie 23

Datum: _____ Beginn: _____ Ende: _____

Wie 24

Datum: _____ Beginn: _____ Ende: _____

Wie 25

Datum: _____ Beginn: _____ Ende: _____

Wie 26

Datum: _____ Beginn: _____ Ende: _____

Wie 27

Datum: _____ Beginn: _____ Ende: _____

Wie 28

Datum: _____ Beginn: _____ Ende: _____

Wie 29

Datum: _____ Beginn: _____ Ende: _____

Notiz:

Wie? 1

Ich bin immer aktiv!

1 2 3 4 5 6

Notiz:

———————————————————————

———————————————————————

———————————————————————

Wie? 2

Ich bin anspruchsvoll!

1 2 3 4 5 6

Notiz:

———————————————————————

———————————————————————

———————————————————————

Wie? 3

Ich bin beharrlich!

1	2	3	4	5	6

Notiz:

_____

_____

_____

Wie? 4

Ich bin beständig!

1	2	3	4	5	6

Notiz:

_____

_____

_____

Wie? 5

Ich habe gute Beziehungen!

1   2   3   4   5   6

Notiz:

_____

_____

_____

Wie? 6

Ich bin ehrgeizig!

1   2   3   4   5   6

Notiz:

_____

_____

_____

Wie? 7

Ich bin eifrig!

1　　2　　3　　4　　5　　6

Notiz:

_____

_____

_____

Wie? 8

Ich bin fleißig!

1　　2　　3　　4　　5　　6

Notiz:

_____

_____

_____

Wie? 9

Ich habe viele gute Freunde!

1	2	3	4	5	6

Notiz:

___

___

___

Wie? 10

Es ist Fügung!

1	2	3	4	5	6

Notiz:

___

___

___

Wie? 11

Ich bin immer geschäftig!

1   2   3   4   5   6

Notiz:

_____

_____

_____

Wie? 12

Ich habe einfach immer Glück!

1   2   3   4   5   6

Notiz:

_____

_____

_____

Wie? 13

Ich habe gute Ideen!

1	2	3	4	5	6

Notiz:

_____

_____

_____

Wie? 14

Weil ich es kann!

1	2	3	4	5	6

Notiz:

_____

_____

_____

Wie? 15

Ich bin konsequent!

1   2   3   4   5   6

Notiz:

_____

_____

_____

Wie? 16

Ich kann logisch denken!

1   2   3   4   5   6

Notiz:

_____

_____

_____

Wie? 17

Weil ich muss!

1   2   3   4   5   6

Notiz:

_____

_____

_____

Wie? 18

Ich habe ein gutes Netzwerk!

1   2   3   4   5   6

Notiz:

_____

_____

_____

Wie? 19

Ich bin rege!

1   2   3   4   5   6

Notiz:

_____

_____

_____

Wie? 20

Ich bin ruhmsüchtig!

1   2   3   4   5   6

Notiz:

_____

_____

_____

Wie? 21

Es ist mein Schicksal!

1   2   3   4   5   6

Notiz:

_____

_____

_____

Wie? 22

Ich bin strategisch!

1   2   3   4   5   6

Notiz:

_____

_____

_____

Wie? 23

Ich bin strebsam!

1   2   3   4   5   6

Notiz:

_____

_____

_____

Wie? 24

Ich bin einfach talentfrei!

1   2   3   4   5   6

Notiz:

_____

_____

_____

Wie? 25

Weil ich es will!

1   2   3   4   5   6

Notiz:

_____

_____

_____

Wie? 26

Ich bin zielsicher!

1   2   3   4   5   6

Notiz:

_____

_____

_____

Wie? 27

Ich bin zielstrebig!

1 2 3 4 5 6

Notiz:

_____

_____

_____

Wie? 28

Es ist reiner Zufall!

1 2 3 4 5 6

Notiz:

_____

_____

_____

Wie? 29

Keine der Aussagen trifft zu. Meine eigene Aussage ist: _____

1   2   3   4   5   6

Notiz:

_____

_____

_____

Mache nun Minimum 24 Stunden Pause, bevor Du in **Reich und Berühmt** weiter arbeitest!

Notiz:

_____

_____

_____

Hallo!

Wenn Du Dich korrekt an die Regel gehalten hast, sind nun Minimum 24 Stunden seit Deinen letzten Eintrag in **Reich und Berühmt werden** vergangen.

Gut so!

Suche nun aus den 29 **Wie?** Aussagen, die 20 Aussagen mit den besten Bewertungen (Schulnoten) heraus und schreibe sie auf die 20 folgenden Seiten (eine Aussage pro Seite).

Sollten beim Auszählen mehr als 20 Aussagen in Frage kommen (zum Beispiel durch Gleichstand der Noten), so entscheide Dich spontan, welche Du streichen möchtest.

Lege dann das Buch für diesen Kalendertag weg. Genug für heute. Mache morgen weiter.

Heute ist (Datum): _____

Wie 1

Wie 2

Wie 3

Wie 4

Wie 5

_____

_____

_____

_____

Wie 6

_____

_____

_____

_____

Wie 7

Wie 8

Wie 9

Wie 10

Wie 11

Wie 12

Wie 13

Wie 14

Wie 15

Wie 16

Wie 17

Wie 18

Wie 19

Wie 20

Hallo!

Schön, dass Du Dich an die vorgegebene Regel gehalten hast!

Du bist jetzt schon auf dem besten Weg **Reich und Berühmt** zu werden.

Lese Dir nun zuerst die 20 gestern von Dir ausgewählten Aussagen durch.

Überlege Dir genau, was Du dabei empfindest und wie Du die Aussage für Dich definierst.

Viel Spaß dabei.

Blättere also zurück.

Wenn Du damit fertig bist, lese auf der nächsten Seite weiter.

So nun hast Du Deine 20 Aussagen nochmals genau überdacht.

Benote sie nun abermals nach dem bereits bekannten System.

Schreibe anschließend die 10 Aussagen, mit den besten Noten auf folgenden 10 Seiten.

Sollten mehr als 10 Aussagen (zum Beispiel wegen Notengleichstand) infrage kommen, entscheide wieder spontan, auf welche Du verzichten möchtest.

Dann mache erst einmal wieder Pause.

Du bist ja schließlich nicht in der Schule und Stress hast Du noch genügend wenn Du erst einmal **Reich und Berühmt** bist.

Außerdem hast Du heute schon genug für Dein Ziel **Reich und Berühmt** zu werden getan.

Wie 1

Wie 2

Wie 3

Wie 4

Wie 5

Wie 6

Wie 7

Wie 8

Wie 9

_____

_____

_____

_____

Wie 10

_____

_____

_____

_____

Hallo!

Respekt, dass Du das Buch wieder zur Hand genommen hast und bereit bist, noch mehr für Dein Ziel **Reich und Berühmt** zu werden tun möchtest. Du beweist inzwischen, dass Du die allerbesten Voraussetzungen hast, den steinigen Weg nach oben zu besteigen.

Die Aufgabe, die nun folgt, gestaltet sich heute anders.

Wie Du Dich sicherlich noch erinnerst, hast Du noch 10 wohl überlegte Aussagen zur Auswahl. Setze Dich nun mit diesen intensiver auseinander.

Du hast Dir ja bereits genaue Gedanken gemacht, was Du dabei empfindest und wie Du die Aussage für Dich definierst. Schreibe nun diese Gedanken und Empfindungen auf die folgenden 10 Seiten, "ohne" dass Du die Aussagen dazu mit auf dem Blatt notierst.

Sollte Dir zu der einen oder anderen Aussage heute keine logische Erklärung mehr einfallen, also warum Du sie gewählt hast, oder solltest Du das Gefühl haben, dass die Aussage doch nicht mehr passt, dann lass sie einfach weg.

Es kann durchaus sein, dass Du bei der Auswahl un- überlegt oder zu spontan gehandelt hast. Es macht aber keinen Unterschied, ob Du nun 10 oder vielleicht nur 6 Seiten beschreibst.

Wenn Du damit fertig bist:

Glückwunsch! Feierabend!

Wie Aussage 1

Wie Aussage 2

Wie Aussage 3

Wie Aussage 4

Wie Aussage 5

Wie Aussage 6

Wie Aussage 7

Wie Aussage 8

Wie Aussage 9

Wie Aussage 10

Hallo!

Meine Begeisterung, dass Du so hartnäckig Dein Ziel verfolgst, kann ich bald nicht mehr in Worte ausdrücken.

Du hast daher eine Belohnung verdient. Stell Dich vor den Spiegel und sage laut zu Dir selbst:

**"Ich werde es schaffen,
Reich und Berühmt zu werden!"**

So nun aber an die Arbeit!

Du solltest jetzt 6 bis 10 Seiten mit Deinen Gedanken haben, warum Du es schaffen wirst, **Reich und Berühmt** zu werden.

Lese Dir Deine eigenen Aussagen "von hinten nach vorne" durch und schreibe auf die folgende Seite, wie Du Deine Aussage / Definition jeweils in ein einziges Wort fasst.

Überlege genau und setze Dich mit Deinen aufgeschriebenen Texten auseinander.

Es kann einige Zeit dauern, bis Du das richtige Wort gefunden hast. Nimm Dir Zeit dafür.

Verwende für die Aufgabe am besten einen Bleistift und radiere ggf. das Wort wieder aus, wenn Du zu der Entscheidung kommst, dass es doch nicht zu 100 % passt.

Mach Dir wirklich umfassend Gedanken darüber, da dies nun sehr wichtig ist. Und belaste Dich nicht damit, dass Du sicherlich einige Worte mehrfach ausradierst und neu schreibst. Das ist ganz normal und zeugt nur davon, dass Du Dir sehr gute Gedanken machst.

Nimm Dir für die Aufgabe genügend Zeit, Ruhe und Muse. Wenn Du es nicht an einem Tag schaffst alle Worte zu finden, ist das auch nicht schlimm.

Achte nur darauf, dass Du jedoch erst eine Unterbrechung zulässt, wenn Du eine gerade Anzahl an Wörtern gefunden hast (zum Beispiel: 2 oder 4 oder 6 und so weiter).

Wenn Du alle Wörter gefunden hast und Du zu der Überzeugung gelangt bist, dass Du keine besseren Wörter mehr finden kannst, lege das Buch **Reich und Berühmt werden** 2 volle Tage (maximal 3 volle Tage) weg und beschäftige Dich keinesfalls mehr damit.

Lösche die Antworten aus Deinem Gedächtnis und mache etwas Schönes.

Notiere hier das Datum, wann Du wieder weiter machen wirst:

(Datum) _____

Viel Spaß!

Hallo!

Siehst Du Dich schon von Fotografen umringt auf dem roten Teppich stehen?

In einer dicken Limousine, gefolgt von kreischenden Fans? Gefeiert und Bejubelt?

Halt!

So weit bist Du noch nicht.

Aber Du bist nach wie vor auf dem Weg, Dein Ziel **Reich und Berühmt** zu werden eisern zu verfolgen.

Heute musst Du keine Wörter finden, die Dein Engagement zu diesem Ziel **Reich und Berühmt** zu werden beschreiben.

Heute sollst Du Dir nochmals Gedanken machen, was es für Dich bedeutet, das Ziel **Reich und Berühmt** sein erreicht zu haben.

Nutze die beiden folgenden Seiten mit den Überschriften "**Reich** bedeutet für mich" und "**Berühmt** bedeutet für mich" und definiere abermals ganz persönlich die beiden Begriffe.

Reich bedeutet für mich:

(Hier sind bewusst keine Zeilen. Schreibe frei!)

Berühmt bedeutet für mich:

(Hier sind bewusst keine Zeilen. Schreibe frei!)

Vergleiche, nachdem Du beide Definitionen geschrieben hast, diese mit Deinen Aufzeichnungen auf den zurückliegenden Seiten.

Stimmen Deine Erwartungen noch überein, oder haben sie sich geändert?

Grundlegend oder nur in Facetten?

Denke bis Morgen (Datum: _____) darüber nach und sprich nach Möglichkeit mit verschiedenen Leuten darüber, was sie sich unter "**Reich**" und unter "**Berühmt**" vorstellen.

Gut wäre es, wenn Du es schaffen würdest mit Leuten unterschiedlichen Alters, Geschlecht und Bildung zu sprechen.

Ziehe dann Dein ganz persönliches Fazit aus den Gesprächen und überdenke abermals Deine eigenen Vorstellungen **Reich und Berühmt** zu sein.

Schreibe sie aber keinesfalls auf.

Behalte sie nur in Deinem Gedächtnis.

Hallo!

Heute ist der vorletzte Tag!

Deine Aufgabe heute ist sehr kurz, aber sehr schwer!

Du erinnerst Dich, dass Du etwa 6 bis 10 einzelne Worte aufgeschrieben hast.

Diese einzelnen Worte sollten beschreiben, was Du bereit bist zu geben, um Dein Ziel **Reich und Berühmt** zu werden, zu erreichen.

Schreibe auf jeder der folgenden drei leeren Seiten je in großen

DRUCKBUCHSTABEN

ein Wort auf, dass Dir als erstes einfällt.

Schlage dann das Buch zu und nimm es erst morgen wieder zur Hand!

1.)

2.)

3.)

Hallo!

Nun erhältst Du Deine allerletzte Aufgabe.

Schreibe hier die vollständigen Namen und Adressen, Deiner **fünf** besten Freundinnen / Freunden auf.

(Nicht darüber nachdenken! Machen!)

1 _____

_____

2 _____

_____

3 _____

_____

4 _____

_____

5 _____

_____

Gehe nun in ein Geschäft und kaufe fünf gleiche Postkarten (auch Ansichtskarten genannt).

Schreibe jeder / jedem Deiner Freunde den selben Text darauf.

Der Text den Du schreibst ist folgender:

Liebe / Lieber (Vor- und Nachname einsetzen) !

*Ich werde **Reich und Berühmt**!*

Deine / Dein (Unterschreibe leserlich)

Versende die Postkarten alle auf einmal und warte ab, wer von ihnen sich meldet und wie ihre / seine Reaktion auf Deine Postkarte ist.

Erzähle ihnen nicht, dass dies eine Aufgabe aus dem Buch **Reich und Berühmt** ist, sondern frage sie, wie sie Dich dabei unterstützen könnten.

Mach Dir dann über Ihre Reaktion / Aussage Deine eigenen Gedanken.

Wenn sich Minimum 4 Deiner Freundinnen / Freunde gemeldet haben, kannst Du weiter lesen.

Hallo!

Du hast es geschafft! Du hast das ganze Buch **Reich und Berühmt werden** durchgearbeitet. Wow! Ich bin sicher, dass sich das gut anfühlt.

Du hast, wenn Du Dich an die aufgestellten Regeln gehalten hast, Disziplin und Durchhaltevermögen bewiesen! Wann war es das Letzte mal, dass Dir das gelungen ist und dass Du dafür sogar gelobt wurdest?

An dieser Stelle daher großen Lettern:

BRAVO !

Vielleicht fragst Du Dich jetzt:

Und? Bin ich jetzt durch dieses Buch **Reich und Berühmt** geworden? Die Antwort lautet: **Nein!**

Wie sollte das auch funktionieren? Aber Du hast Dir Deine Gedanken darüber gemacht, was **Reich und Berühmt** für Dich bedeutet und wie der Weg dorthin aussehen könnte! Das alleine ist schon ein fantastischer Schritt in die richtige Richtung. Vielleicht bist Du auch zu dem Entschluss gekommen, dass es doch gar nicht so sehr erstrebenswert ist **Reich und Berühmt** zu werden.

Auf jeden Fall hast Du nun so oder so einen Weg für Dich entschieden, den Du verfolgen kannst. Vielleicht suchst Du Dir aber auch nochmals einen anderen Weg, der Dir besser gefällt.

Oder...

Vielleicht arbeitest Du das Buch nochmals ganz in Ruhe durch und kommst dann zu einem Neuen, noch interessanteren Ergebnis.

Vielleicht merkst Du auch, dass Du lieber nur **"ein bisschen Reich"** und **"ein wenig Berühmt"** sein möchtest. Wie auch immer! Es spielt überhaupt keine Rolle!

Bestimmt hast Du im Freundes- und oder Bekanntenkreis Zweifler und oder Pseudos, die ihren Weg nicht oder noch nicht gefunden haben. Denen bist Du nun schon ein ganz großes Stück voraus! Schenke, oder empfehle ihnen ein Exemplar dieses Buches.

Dann werden sie, so wie Du:

"Reich" an Erfahrung und **"Berühmt"** für sich selbst, mit dem Blick in die richtige Richtung, um das richtige Ziel zu erreichen!

Danke für Deine Zeit und sei Stolz auf Dich!

Deine *Merri Ness*

P.S.: Sollte es Deine Idee gewesen sein, ein berühmter Rapper zu werden und nach Berlin zu ziehen (damit Du nichts arbeiten musst und die Kohle dank eines eigenen YouTube Kanals wie von alleine in Strömen fließt) dann wünsche ich Dir dabei viel Erfolg und möchte Dir noch eine gute Adresse für Notfälle an die Hand geben:

Bahnhofsmission Berlin - Zoologischer Garten
Jedensstr. 5 / 10623 Berlin

Notizbuchfunktion:

Hier kannst Du Dir Deine eigenen Notizen machen.

Die Autoren:

Merri Ness

Die gebürtige US Amerikanerin erblickte 1979 in Texas das Licht der Welt.

Mit 19 zog sie nach Berlin und hielt sich mit Gelegenheitsjobs über Wasser.

Drei Jahre später zog sie nach Bayern und studierte unter anderem Brauwesen, Psychologie, Germanistik (mit mehr oder weniger viel Erfolg).

Mit 24 Jahren veröffentlichte sie unter einem Pseudonymen ihr erstes Buch.

Diesem folgten weitere Bücher. Die erfolgreiche Schriftstellerin lebt seither in einem Vorort vor den Toren Münchens.

Gerhard Schumann

Schumann ist 1967 in Münchner geboren.

Mit 42 Jahren erhielt er die Diagnose Parkinson und setzt sich seither für Betroffene ein. Schumann hat selbst zahlreiche Bücher veröffentlicht.

Merri Ness und Gerhard Schumann sind seit Jahren eng befreundet.